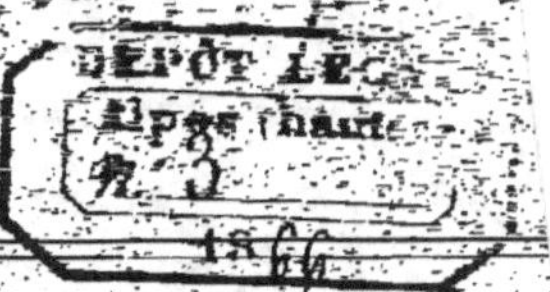 

PETITE BIOGRAPHIE POPULAIRE

DE

M. le Baron de LADOUCETTE,

ANCIEN PRÉFET DES HAUTES-ALPES,

SUIVIE

D'UNE CANTATE

ET DU

PROGRAMME DES FÊTES.

PRIX : 20 CENTIMES.

GAP,
TYPOGRAPHIE DE P. JOUGLARD.

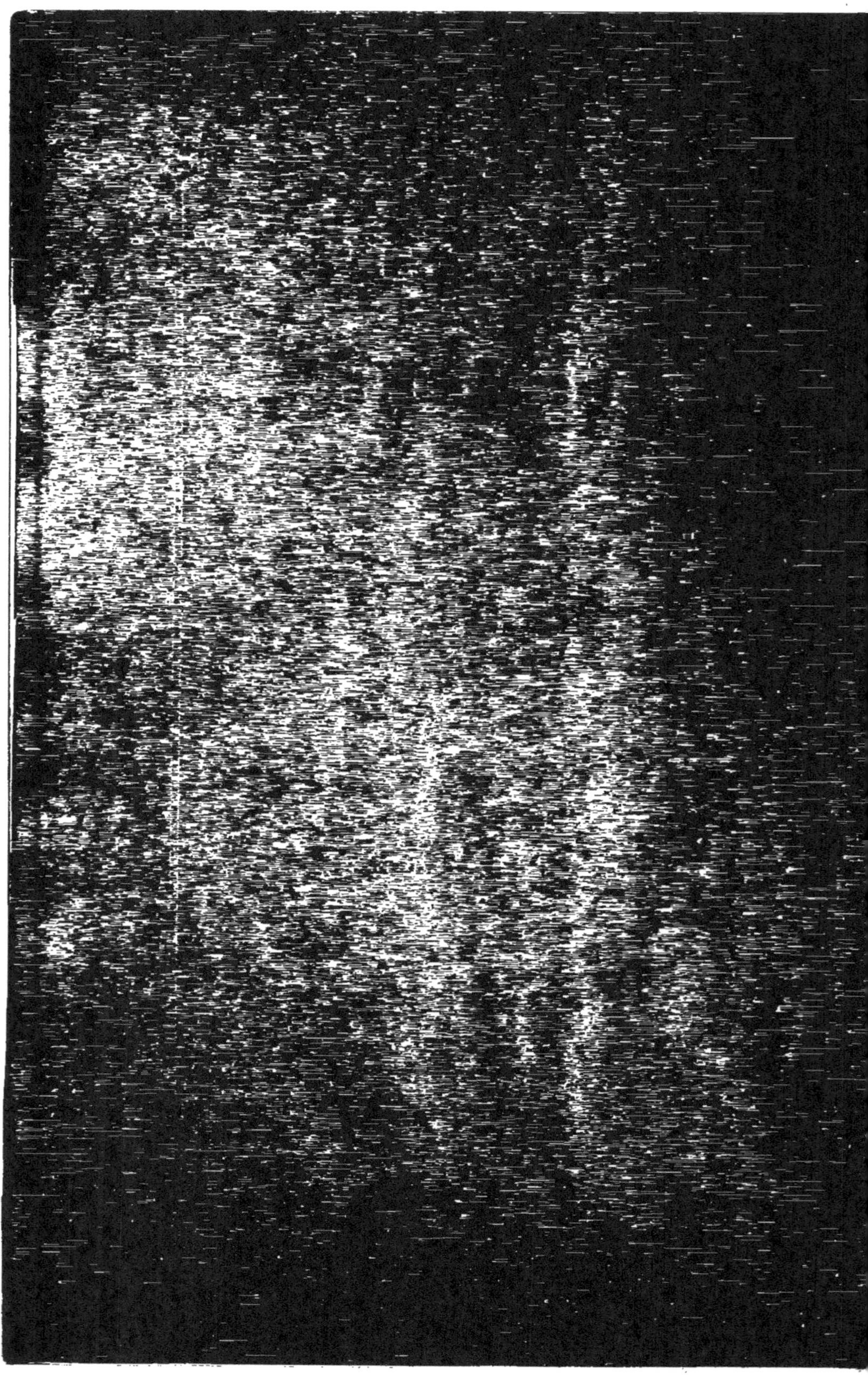

BIOGRAPHIE

M. LE BARON DE LADOUCETTE,

ANCIEN PRÉFET DES HAUTES-ALPES

Sous le premier Empire.

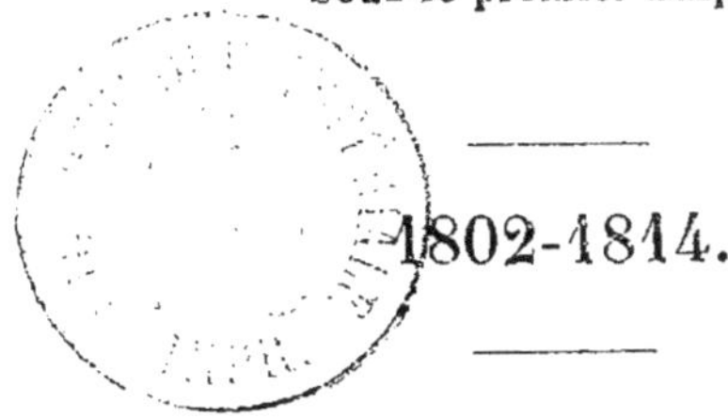

1802-1814.

M. le baron Jean-Charles-François de LADOUCETTE, ancien Préfet du premier Empire, Député de la Moselle, Officier de la Légion d'honneur, est né à Nancy, le 4 octobre 1772. Son aïeul avait été chirurgien-major de cette ville et de sa citadelle, son père était avocat au Parlement de Paris.

Après de brillantes études qui faisaient présager chez le jeune écolier la haute intelligence et les qualités de cœur dont il devait plus tard donner tant de preuves, le baron de LADOUCETTE se rendit en Suisse pour se livrer à l'étude de l'allemand, destiné qu'il était à devenir secrétaire d'ambassade. M. Barthélemy, ambassadeur de la République française, le comprit dans plusieurs missions difficiles. C'est dans une de ces missions à Venise, où il fut envoyé avec M. Laquiante, premier secrétaire d'ambassade de M. Barthélemy, que M. de LADOUCETTE, visitant le pensionnat de Reicheneau, situé dans une île du Rhin, y rencontra un émigré français qui, sous le nom de Corbie, enseignait les mathématiques et la géographie. Le proscrit qui se cachait sous ce nom modeste, n'était autre que le duc d'Orléans, plus tard Louis-Philippe, Roi des Français. Après 1830, M. le baron de LADOUCETTE reçut de Louis-Philippe une gravure où ce dernier était représenté donnant des leçons à ses élèves de Reicheneau. Quoique fort jeune encore, M. le baron de LADOUCETTE avait déjà une certaine réputation. Rentré en France, après les orages de la Révolution, il tourna ses regards vers la carrière administrative, et fut proposé, en 1802, par M. Frochot, Préfet, et M. Chaptal, Ministre de l'Intérieur, pour une place vacante au Conseil général du département de la Seine. M. le baron de LADOUCETTE était inconnu du premier Consul qui lui préféra le général de Lafayette, mais à la suite de renseignements qui lui furent fournis, Bonaparte nomma M. le baron de LADOUCETTE Préfet des Hautes-Alpes. Il n'avait alors que vingt-neuf ans.

Le département était à cette époque dans l'état le plus déplorable, les récoltes étaient gelées sur pied, les greniers dégarnis, les chemins rompus; la Durance, en coupant la route près de Savines, avait séparé les arrondissements d'Embrun et de Briançon de l'arrondissement chef-lieu. Jamais occasion plus favorable ne se présenta à un jeune Préfet de mettre en relief ses qualités administratives; M. le baron de LADOUCETTE fut à la hauteur de sa tâche, quelque difficile qu'elle fût, et c'est ici que commencent les plus beaux titres de cet administrateur à la reconnaissance de ce département, qui lui doit tant de grandes choses. Son premier soin fut de provoquer la libre concurrence, en favorisant la circulation des blés et des farines. Il écrivit au maréchal Jourdan, administrateur du Piémont, que, si ses douaniers continuaient à arrêter nos voitures, il irait lui porter sa demande à la tête de la jeunesse des Hautes-Alpes. Il résolut de profiter de notre détresse pour conquérir une route qui nous ouvrît le Piémont, et, avec l'aide des habitants de dix-huit communes du Briançonnais et des soldats de deux régiments, il ouvrit la route du Mont-Genèvre, en avançant, de ses propres deniers, 25,000 francs pour les premiers travaux. Il ouvrit de même la route du col de Cabre, s'établissant sur les chantiers, stimulant les ouvriers par sa parole et son exemple. C'est pendant la durée des travaux du col de Cabre qu'il fut appelé pour recevoir, des mains du maréchal Molitor, la croix de la Légion d'honneur. « Je ne la porterai, lui écrivit-il, qu'après avoir essayé de m'en rendre digne, mais, quitter nos chantiers, ce serait les désorganiser. » La tâche de M. de LADOUCETTE fut immense; il eut tout à créer ou à refaire. Il établit dans chaque chef-lieu un bureau central de charité et un bureau auxiliaire dans chaque commune, pour l'administration des biens appartenant aux pauvres. Il créa cinquante greniers d'abondance, fonda l'hospice du Mont-Genèvre, ouvrit des écoles sur tous les points du département, créa un journal d'agriculture et une société d'émulation, ouvrit un musée central à Gap, propagea les méthodes les plus favorables à l'agriculture, en donnant des prix d'encouragement, répara les vieilles routes, en ouvrit de nouvelles, fit construire des ponts et des digues, arrêta le défrichement des montagnes, fit instruire à Lyon des artistes vétérinaires, dota Embrun d'une maison centrale de détention, obtint de Napoléon Ier la somme de 100,000 francs pour creuser le canal du Drac. Par l'avance de ses propres fonds, il procura au département les premiers moyens de transport, obtint une réduction sur les contributions, fit faire les plantations qui ombragent nos routes, créa la première pépinière départementale et régénéra le pays en faisant bénir son administration.

M. le baron de LADOUCETTE refusa les préfectures de Turin et de Marseille, auxquelles il préféra la modeste résidence de Gap, où il pouvait faire le bien, et ne quitta le pays que quand la volonté de l'Empereur l'appela à Aix-la-Chapelle, qui était un poste de confiance et où il se distingua par son courage et son énergie lors de l'invasion étrangère en 1814.

Les habitants des Hautes-Alpes n'ont pas oublié leur ancien Préfet, l'hommage qu'ils rendent aujourd'hui à sa mémoire les honore et cimente les sentiments qui les unissent à la famille de LADOUCETTE, redouble leur reconnaissance envers le Chef de l'Etat, qui a bien voulu, par un décret, autoriser l'érection de la statue de ce grand citoyen du premier Empire, et le placer ainsi parmi nos plus grandes illustrations françaises (1).

On lit dans le *Courrier des Alpes*, du 12 septembre 1866.

Quelques mots sur M. le baron de Ladoucette,

ANCIEN PRÉFET DES HAUTES-ALPES.

Gap, le 12 septembre 1866.

« MONSIEUR LE RÉDACTEUR,

« Bien que dans l'article inséré dans votre journal, le 18 juin 1862, il ait été dit que les préoccupations de M. le baron de Ladoucette s'étaient étendues non-seulement sur les améliorations matérielles, mais aussi sur toutes les institutions de bienfaisance dont le département des Hautes-Alpes était susceptible ; cependant je dois, à sa mémoire, de mentionner d'une manière particulière les sentiments religieux de ce digne et habile magistrat.

« Tous savent qu'il s'empressa constamment de favoriser ce qui pouvait intéresser la religion. Nos bonnes sœurs de la Providence si utiles, notamment aux familles pauvres, n'oublient pas non plus qu'en 1845, époque difficile pour elles, M. le baron de Ladoucette leur donna d'excellents témoignagnes de sympathie.

« Héritiers de ses sentiments, ses enfants sont toujours des premiers à concourir aux œuvres utiles et charitables.

« C'est ainsi que M. le Sénateur et Madame la Baronne de Ladoucette ont fondé et entretiennent de leurs deniers, sur leur terre du Drancy, une institution dirigée par des religieuses, dans laquelle sont admises gratuitement vingt jeunes filles pauvres, — indépendamment d'une école gratuite pour les jeunes filles de la commune.

---

(1) La statue si remarquable dont on a fait l'érection aujourd'hui, 23 septembre 1866, est due au ciseau de notre habile et désintéressé compatriote, M. MARCELLIN, statuaire à Paris.

« Nul n'ignore d'ailleurs que M. le Sénateur de Ladoucette préside la Société nationale d'encouragement au bien dont Monseigneur d'Arbois, archevêque de Paris, est président honoraire; — société qui a réservé trois prix à notre département, pour être décernés le jour de l'inauguration du monument destiné à perpétuer dans les Hautes-Alpes le souvenir de notre ancien Préfet.

« Foncièrement religieux et homme de bien, M. le baron de Ladoucette n'était heureux que du bonheur des autres; il fut une Providence pour les Hautes-Alpes, comme ses enfants le sont pour les contrées qu'ils habitent.

« Je vous prie d'agréer, Monsieur le Rédacteur, l'assurance de ma parfaite considération.

« Victor BLANC,

« Membre du Conseil général. »

Inauguration de la statue de M. le Baron de LADOUCETTE.

CANTATE.

Il fut un temps où nos pauvres montagnes
N'offraient à l'œil que la stérilité.
On ne voyait dans nos tristes campagnes
Qu'un sol ingrat et sans fertilité.
Point de chemins construits dans nos vallées;
Peu de canaux pour arroser nos champs;
Des toits de chaume où percent les gelées
Et du pain noir pour nourrir nos enfants.

CHŒUR.

Rendons, ALPINS, au Baron LADOUCETTE
Tous les honneurs dus aux grands citoyens.
Pour lui faisons retentir la trompette;
Chantons, dansons au son de la musette;
Employons tous largement nos moyens.

Mais l'Empereur qui gouvernait la FRANCE,
NAPOLÉON, ce génie immortel,
Dont le beau nom nous remplit d'espérance,
A qui nos cœurs conservent un autel,
A fait surgir, pour réparer les Alpes,
Un citoyen illustre et généreux :
C'est LADOUCETTE : il parcourt les étapes
De tous nos monts au climat rigoureux.

Rendons, etc.

A son aspect le pays se transforme ;
D'un seul coup d'œil il trace des chemins,
Qu'il fait ouvrir par un travail énorme,
Brisant le roc lui-même de ses mains.
Il fait couler les eaux en abondance ;
Il adoucit et le sol et nos mœurs.
Il est pour nous comme une PROVIDENCE :
Par ses bienfaits il ranime nos cœurs.

    Rendons, etc.

CÉRÈS épand ses épis sur nos terres ;
POMONE aussi nous donne ses doux fruits ;
BACCHUS, ce dieu qui remplit tous nos verres,
Nous fait gaîment passer les jours, les nuits.
VÉNUS parfois nous séduit par ses charmes ;
APOLLON suit couronné de lauriers.
MARS à son tour nous procure des armes
Que nos enfants portent en vrais guerriers.

    Rendons, etc.

A LADOUCETTE, à sa noble famille,
Nous élevons ce pieux monument.
Nous déposons, au pied de cette grille,
Un pur respect, un entier dévouement.
Rappelons-nous qu'il fut pour nous un père ;
Qu'il nous apprit à marcher en avant.
Si le pays en ce jour est prospère,
Honneur à lui ! répétons-le souvent.

    Rendons, etc.

ALPINS, soyons les fils de nos ancêtres ;
Comme eux bien haut portons le nom FRANÇAIS.
Toujours debout, fermes comme nos hêtres,
Devant le bien ne reculons jamais.
En ce beau jour où le ciel est propice ;
Où le pays nage dans le bonheur ;
Crions en chœur : VIVE L'IMPÉRATRICE !
VIVE SON FILS ! VIVE NOTRE EMPEREUR !

    Rendons, etc.

Gap, le 4 août 1866.

BLEINC,

Conducteur des Ponts et Chaussées.

Programme des Fêtes.

Samedi 22 septembre 1866,

Distribution en pain, vin et viande aux indigents.

A 8 heures du soir, grande retraite aux flambeaux.

Dimanche 23 septembre,

A 10 heures du matin, messe solennelle.

A 3 heures, cérémonie de l'inauguration de la statue, cantate, chants, musiques.

Immédiatement après, proclamation des récompenses aux instituteurs, directeurs de cours d'adultes du département, distribution des prix aux élèves des cours d'adultes.

A 7 heures, banquet à l'Hôtel-de-Ville.

A 8 heures, grande illumination du Rond-Point et de l'avenue des Cordeliers.—Illuminations générales.

Lundi 24 septembre,

A 7 heures du matin, tir à la cible des sapeurs-pompiers et de la garnison, avec prix.

A 1 heure du soir, jeux de paume, jeux de boule, mât de Cocagne, jeux divers, avec prix.

A 2 heures, promenade des chars de l'Agriculture, de Bacchus et de Flore.

A 3 heures, danse pyrrhique du Baccu-Ber, cantate, musique.

A 8 heures, feu de joie, ascension de ballons, bal public à la pépinière, bal à l'Hôtel-de-Ville.

Des Primes seront délivrées aux Musiques du département qui voudront bien prêter leur concours à la fête.

Gap, le 30 août 1866.

Les Membres de la Commission départementale:

Eugène BLANC, président; A. ALLIER, maire de Gap; DE BELLEGARDE; Victor BLANC; P. CHANCEL; GOULAIN; LACHAU; THÉUS; CHAUVET, secrétaire.

GAP.—TYPOGRAPHIE DE P. JOUGLARD.